Todos los libros de Linkgua Ediciones cuentan con modelos de Inteligencia Artificial entrenados por hispanistas. Pregúntale al chat de tu libro lo que desees acerca de la obra o su autor/a.

Para ebooks: Accede a nuestro modelo de IA a través de este enlace.

Para libros impresos: Escanea el código QR de la portada con tu dispositivo móvil.

Obtén análisis detallados de nuestros libros, resúmenes, respuestas a tus preguntas y accede a nuestras ediciones críticas generativas para una experiencia de lectura más enriquecedora.
La transparencia y el respeto hacia la autoría de las fuentes utilizadas son distintivos básicos de nuestro proyecto. Por ello, las respuestas ofrecen, mediante un sistema de citas, las fuentes con las que han sido elaboradas.

Tirso de Molina

Poemas

Barcelona 2024
Linkgua-ediciones.com

Créditos

Título original: Poemas.

© 2024, Red ediciones S.L.

e-mail: info@Linkgua-ediciones.com

Diseño de cubierta: Michel Mallard.

ISBN rústica ilustrada: 978-84-9816-607-1.
ISBN tapa dura: 978-84-1076-046-2.
ISBN ebook: 978-84-9953-408-4.

Cualquier forma de reproducción, distribución, comunicación pública o transformación de esta obra solo puede ser realizada con la autorización de sus titulares, salvo excepción prevista por la ley. Diríjase a CEDRO (Centro Español de Derechos Reprográficos, www.cedro.org) si necesita fotocopiar, escanear o hacer copias digitales de algún fragmento de esta obra.

Sumario

Créditos	4
Brevísima presentación	9
La vida	9
Coplas	11
Triunfo de Amor	13
Romances	15
I	17
II	19
III	25
IV	29
V	31
Versos de novela cortesana	35
Sonetos	47
I	49
II	51

III	53
IV	55
V	57
VI	59
VII	61
VIII	63
IX	65
X	67
XI	69
XII	71
XIII	73
XIV	75
XV	77
XVI	79
XVII	81
XVIII	83

XIX	85
XX	87
XXI	89
XXII	91
XXIII	93
XXIV	95
XXV	97
Libros a la carta	99

Brevísima presentación

La vida
Tirso de Molina (Madrid, 1583-Almazán, Soria, 1648). España.
Se dice que era hijo bastardo del duque de Osuna, pero otros lo niegan. Se sabe poco de su vida hasta su ingreso como novicio en la Orden mercedaria en 1600 y su profesión al año siguiente en Guadalajara. Parece que había escrito comedias, al tiempo que viajaba por Galicia y Portugal. En 1614 sufrió su primer destierro de la corte por sus sátiras contra la nobleza. Dos años más tarde fue enviado a la Hispaniola (actual República Dominicana), regresó en 1618. Su vocación artística y su actitud contraria a los cenáculos culteranos no facilitó sus relaciones con las autoridades. En 1625, el Concejo de Castilla lo amonestó por escribir comedias y le prohibió volver a hacerlo bajo amenaza de excomunión. Desde entonces solo escribió tres nuevas piezas y consagró el resto de su vida a las tareas de la orden.

Coplas[1]

De no hallar en mis amores
el número de mi mesa
sabe Dios cuánto me pesa.

Cuéstame hartos desvelos
celos bastardos, mal nacidos celos.

No soy carne ni pescado,
y aunque mi sazón es corta
sé muy bien lo que me importa.

Mi gusto aprendió en Toscana,
pues hallo el arte de amar
en el tropo variar.

Peor que el diablo soy si me resuelvo,
pues a puerta cerrada aún no me vuelvo.

Cúpome el número sexto,
mas yo he sido tan fiel
que jamás me acusé de él.

Puesto que no hay más que ver
en lo que llego a mirar,
aún hay más que desear.

Para la flecha de amor,

---

1 Las coplas eran dejadas bajo las servilletas de los comensales con fines lúdicos. (N. del E.)

aunque aguda y penetrante,
tengo el pecho de diamante.

Aunque en orden a limpieza
todos dirán en mi abono
mejor cuelo que jabono.

No lloréis, ojos hermosos,
no lloréis.
Podrá ser que os engañéis.

Sin pundonor, sin melindres,
sin desdenes, vengo a ser
don calla a más no poder.

Triunfo de Amor

Fuga

Hagan plaza, den entrada,
que viene triunfando Amor
de una batalla mortal
en que ha sido vencedor.

Romances

I[2]

En la prisión de unos hierros,
lloraba la tortolilla...

Reciprocando requiebros
en el nido de una viña,
fertilidad le promete
de amor su cosecha opima.

Nunca nacieran los celos
que amores esterilizan,
corazones desenlazan
y esperanzas descaminan.

Perdió la tórtola amante
a manos de la malicia,
epitalamios consortes.
¡Ay, de quién los desperdicia!

Como era el águila reina
(mejor la llamara arpía),
cuando ejecute crueldades,
¿quién osará resistirlas?

¿Qué importan las amenazas
del águila ejecutiva,
si ya el león coronado
venganzas contra ella intima?

Humillará su soberbia,

---

2   La mujer que manda en casa. (N. del E.)

caerá el águila atrevida,
siendo presa a los voraces
lebreles que la dividan.

II[3]

A las niñas de Alcorcón
le cantaba Paracuellos,
mientras se juntan al baile
debajo el olmo, estos versos:

Fuérame yo por la puente,
que lo es, sin encantamiento,
en diziembre, de Madrid,
y en agosto, de Ríoseco.

La que haciéndose ojos toda
por ver su amante pigmeo
se queja dél porque ingrato
le da con la arena en ellos.

La que la vez que se asoma
a mirar su rostro bello
es, a fuer de dama pobre,
en solo un casco de espejo.

La pretina de jubón
que estando de ojetes lleno
cual pícaro, no trae más
que una cinta en los gregüescos.

Por esta puente de anillo
pasé un disanto, en efecto,
aunque pudiera a pie enjuto
vadear su mar Bermejo.

3   Los Cigarrales de Toledo. (N. del E.)

Reíme de ver su río,
y sobre los antepechos
de su puente titular
no sé si le dije aquesto:

No os corráis, el Manzanares;
mas ¿cómo podréis correros,
si llegáis tan despeado
y de gota andáis enfermo?

Según arenas criáis,
y estáis ya caduco y viejo,
moriréis de mal de orina
como no os remedie el cielo.

Y en fe de aquesta verdad,
azadones veraniegos
abriendo en vos sepulturas
pronostican vuestro entierro.

Postilando vais vuestra agua,
y por esta causa creo
que con Jarama intentó
Filipo, datos comento.

No lo ejecutó por ser
en daño de tantos pueblos,
mas como os vio tan quebrado
de piedra os puso el braguero.

Título de venerable

merecéis, aunque pequeño,
pues no es bien viéndoos tan calvo
que os perdamos el respeto.

Como Alcalá y Salamanca,
tenéis (y no sois Colegio)
vacaciones en verano
y curso solo en invierno.

Mas, como estudiante flojo,
por andaros en floreos,
del Sotillo mil corrales
afrentan vuestros cuadernos...

Pero dejando las burlas
hablemos un rato en seso,
si no ya que os tienen loco
sequedades del cerebro:

¿cómo, decid, Manzanares,
tan poco medrado os vemos,
pretendiente en esta Corte
y en palacio lisonjero?

Un siglo y más ha que andáis,
hipócrita y macilento,
saliendo al paso a los reyes,
que tienen gusto de veros.

Alegar podéis servicios;
díganlo los que habéis hecho
en esa Casa del Campo,

sus laberintos y enredos.

Su Troya burlesca os llama
hombre sutil y de ingenio,
sin que su artificio envidie
los del Tajo y su Juanelo.

En azafates de mayo
presentáis a vuestro dueño
flores pancayas que en frutas
convierte después el tiempo.

¿Qué es la causa, pues, mi río,
que tantos años sirviendo
no os den siquiera un estado
que os pague en agua alimentos?

Filipo os quiso hacer grande
después de haberos cubierto
delante de él con la puente,
y él mismo os puso el sombrero.

Pedidle al Cuarto mercedes,
que otros han servido menos
y gozan ya más estados
que cuatro pozos manchegos.

No soy (diréis) ambicioso;
mas a fe, aunque os lo confieso,
que andáis siempre murmurando
por más que os llamen risueño.

¡Ánimo, cobarde río,
quebrantad vuestro destierro,
y pues rondáis a Palacio
entraos una noche dentro!

Fuentes tenéis que imitar,
que han ganado con sus cuerpos
(como damas cortesanas)
sitios en Madrid soberbios.

Adornadas de oro y piedras,
visitan plazas y templos,
y ya son dos escribanos,
¡que aquí hasta el agua anda en pleitos!

No sé yo por qué se entonan,
que no ha mucho que se vieron
por las calles de Madrid
a la vergüenza, en jumentos.

Más dijera, a no llegar
con dos cargas de pucheros
Bertol, y ansí por los propios
dejo cuidados ajenos.

III[4]

Cuando la mulata noche
con sus higas de azabache,
sale a estrellarse con todos
lleno el rostro de lunares;

cuando brujas y lechuzas
a lustras tinieblas salen,
a chupar lámparas, unas,
y otras a chupar infantes,

me salí confuso y triste
a buscar un consonante
¡forzosa pensión de aquéllos
que comen uñas y guantes!

Los ojos puse en la Luna,
y vi que estaba en menguante,
porque tuviese mi bolsa
con quien poder consolarse.

Pero divirtióme de ella
un ¡ce! ¡ce! que por celajes
de un manto, fue Celestina,
creyendo yo que era un ángel.

Conocí que era mujer,
si ansí merece llamarse
una cara Polifema
y unos ojos Sacripantes.

4   Los Cigarrales de Toledo. (N. del E.)

Trabamos conversación,
porque quisiera trabarse,
no siendo de Calatrava
a un doblón Abencerraje.

Brindóme con una mano,
y a fe que bastó a picarme,
pues topé cinco punzones
en vez de cinco dedales.

Desde la mano a la boca
quise hacer un pasacalle
cuya población ha meses
que ya por el suelo yace.

Manoseé las mejillas,
y fue dicha no lisiarme
en dos juanetes buídos
entapizados de almagre.

Topé luego la nariz,
y, ¡por vida de mi madre,
que ella me topó primero,
aunque estaba bien distante!

Tenté los bajos países,
mas no topé los de Flandes,
sino en dos piernas cordeles
dos cenojiles bramantes.

Halléme en un cementerio,

y lloré que me tentase
como pecador novicio,
con solos huesos la carne.

Volvíla, en fin, los talones,
y picando de portante
me crucifiqué la frente
con más de dos mil señales.

Llegué a casa, y vuelto en mí
vine a hacer pleito homenaje
¡de no alambicar conceptos
ni buscar más consonantes!

IV[5]

Seis veces ha dado mayo
tributo en flores al Sol,
que desea ver el fruto
de su esperanza, mi amor,
sin que anime este cuidado
una hora de posesión
en tanto tiempo, mi dicha
y vuestro largo favor.

¡Mirad si será milagro
que el gusto conserve en flor
en el jardín del deseo
tanto tiempo una afición,
y qué tal estará un alma,
que es mía, y habita en vos,
sustentándola seis años
la vista sin posesión!

Bien sé yo, señora mía,
que un discreto comparó,
con propiedad y agudeza,
el amante al labrador;
y que para que éste goce
la cosecha con sazón,
compra un día de descanso
por un año de sudor.

Mas ¿qué labrador habrá
que no deje la labor

5   Los Cigarrales de Toledo. (N. del E.)

que en seis años de trabajos
no da frutos, sino yo?

Sembré al principio esperanzas
en fe que me prometió
el pronóstico del gusto
un año de bendición;
y pasados seis de penas
nunca el agosto llegó,
siendo en cosechas de amores
el agosto la ocasión.

Ya sé que responderéis,
puede ser que con razón,
que culpe mi cortedad
y no vuestra obligación,
pues cogidos los cabellos
que su frente me ofreció,
sin ver su calvo castigo
gozara vuestro favor.

Mas si el dar cinco de corto
seis años me castigó,
asegundad y veréis
cuan diestro en el juego estoy.

Dueño mío, no haya más;
dad fruto como dais flor,
que se nos va todo en flores
y yo acabándome voy.

V

Una soberbia hermosura
armas contra Amor previene,
por huir del dulce yugo
que ha domado tantas frentes.

Con los rayos de sus ojos
al Sol venció muchas veces,
y con victorias tan grandes
bien pudo desvanecerse.

Y viendo al Amor desnudo
persuadióse fácilmente
que de los más flacos bríos
no pudiera defenderse.

Que no es posible que haya
en denudez tan patente
herida que al tierno niño
dolor o sangre no cueste.

Tuvo por vanas sus flechas,
que como es ciego parece
que solo del aire vago
serán cometas lucientes.

Pues una vez que le hirieron
fue tan sin riesgo, que en breve
aun no quedó en la memoria
señal que la herida acuerde.

Presentóle la batalla,

mas con halago valiente
el niño dios resistía
sin amenazas crueles.

Y en vez de bronces bastardos
hace que en su campo suene
dulce voz, que la victoria
le previno desta suerte:

Desarmado y ciego, Amor
vencerá mejor.

Corrióse de su arrogancia
la hermosísima rebelde
y al honor pone en el campo
que le venza y atropelle.

¡Qué dura fue la batalla!
Mas el honor tuvo siempre
la desdicha de inclinarse,
y un niño entonces le vence.

Retirándose el recato,
más que cobarde, prudente
lidiaba, pero no pudo
en una ocasión valerse.

Acometiéronle juntos
una tropa de desdenes,
mas del honor rebatidos
unos huyen y otros mueren.

Ya está cerca de rendida
la bella airada, ya teme,
ya se defiende sin brío,
mas con todo se defiende.

Su entendimiento animoso
al duro combate viene,
mas cegóse con el humo
del fuego que Amor enciende.

Del respecto acompañada
la libertad te acomete.
Vino Amor con ella a brazos
y rindiósele obediente.

Vencida llora la ingrata
y sobre una alfombra verde
vertió por lágrimas perlas,
pero dulcísimamente.

Con tan preciosa victoria,
Amor ufano y alegre
manda que en dulce armonía
su gloria y triunfo celebren:

Desarmado y ciego, Amor
vencerá mejor.

Versos de novela cortesana

Niega mil veces arreo
y ninguna digas sí,
que cual tú te ves me vi
y te verás cual me veo.

Si hermosuras superiores
no solo causan deseos,
mas en ceguedad forzosa
disculpan atrevimientos,

yo que a tanto cielo aspiro,
Señora, animoso llego.
Mas qué mucho, si la patria
es de la piedad el cielo.

Cuando amor me da sus alas
seguro al aire me entrego,
puesto que de tus castigos
me libran mis rendimientos.

Los celestiales enojos
y las venganzas se hicieron
para enfrenar arrogantes
y para domar soberbios.

Mas yo que humilde tus rayos,
Sol hermoso, reverencio,
alumbraránme sus luces
perdonándome su incendio.

Yo merecí de tus ojos
no sé qué indicio ni sueño,
que el Sol miró a mi esperanza
de trino en su nacimiento.

Mas, con todo, temeroso
vivo, cuando considero
que tantas dichas no están
libres de un triste suceso.

Y hasta que en lícito lazo
goce la gloria que espero,
me sobresaltan temores
y me acobardan respetos.

¡Cuándo tendrán, dueño mío,
mis esperanzas efecto,
sin que alcance la fortuna
sobre mis dichas imperio!

La mayor seguridad
no se escapa de recelo,
que como es niño Amor
tiene poco sufrimiento.

Si piadosas las estrellas
favorecen mis intentos,
y el laurel desta victoria
ceñir glorioso merezco,

sobre mi fe, a tu hermosura

levantaré firme templo
y en tus aras arderán
por víctima mis afectos.

Vive en tanto, amada mía,
vive en tanto que yo muero,
que en tus rayos, como el fénix,
espero vivir de nuevo.

Ardo amando, y ocultar
tan crecido ardor no puedo,
cuando el respecto o el miedo
no se atreven a explicar.

En este turbado mar
no acierto cuál norte siga:
por una parte me obliga
a callar el temor feo,
por otra parte el deseo
me persuade a que lo diga.

Tal vez la vista consiento
a vuestras luces, Sol mío.
Tal, un suspiro os envío
entre las alas del viento.

Mas deste mudo lamento,
que del alma embajador
va a aprobar vuestro rigor,
vista y suspiro atrevido
condeno, y arrepentido
enmudece y ciega amor.

Pero ya sin esperar
remedio, y aún sin vivir
mi muerte os quiero decir,
mi amor os quiero callar.

Y no os pretendo obligar,
que quien por veros murió
en la vida que perdió
halló su felicidad.
Y ansí, Señora, piedad
os pido, que premio no.

Que la sintáis solo quiere
mi pena para su alivio,
que un sentimiento, aunque tibio,
se le debe a quien se muere.

Mas ni estas honras espere
mi muerte, que aunque miréis
la herida, no la creeréis,
porque dudáis, ¡oh rigor!,
los efectos del amor,
como no le conocéis.

De aquel joven generoso
cantar quiere mi Talía,
de aquél a quien con más miedo
que rayos Júpiter mira.

De aquél que en Córdoba el coso
rubricó de fiera tinta,

donde sepultó los fresnos,
donde arrojó la capilla.

De aquel Pedro, heroico hijo
de Castilla, a quien estima
tanto, que en señal de amor
de su nombre se apellida.

Entró gallardo en la plaza,
robusto Adonis que libra
el aliño del afecto
y el descuido de la risa.

Después que en rompidos fresnos
cubrió la arena de astillas
y graduó de destreza
tanta suerte repetida,

como undosa línea ardiente
que airado Júpiter vibra,
para experiencias del joven,
un toro la plaza pisa.

Sino fue, por deslucirle,
de la fortuna ojeriza,
contingencias de los astros
y de los hados envidias.

Siniestro acomete el bruto,
y lo que hicieran sus iras
en un risco en el caballo
obraron ejecutivas.

Cayó, aunque herido animoso,
y adherente a su rüína,
intrépido, aunque enojado,
siguió el jinete la silla.

A la violencia del riesgo,
previniendo esta desdicha,
la tumba se estremeció
de Valladolid la rica.

Prosigue el bruto el destrozo
y atropella cuanto mira
que te afecta, que aquí el golpe
giró en los demás la vista.

Hasta que, cobrado, el joven
dio a entender que la caída
para darle nuevos bríos
fue de la tierra caricia.

Tiñe en purpúreo veneno
la ardiente espada. Y la herida
de coral inunda el coso
que, pródiga, desperdicia.

A más aplauso la fiera
cayó que la que fue grima
de Calidonia y despojo
envidioso de la ninfa.

En los riesgos la virtud

más gloriosa se examina,
que la suerte y el valor
dos cosas son muy distintas.

La destreza y el denuedo
viven donde más peligran,
que poco medran los bríos
a la sombra de la dicha.

Ansí el héroe cuantas fieras
sellan la arena atrevidas
diestro asalta, fuerte hiere,
y poderoso castiga.

Pocas, que huyendo del rayo
de su diestra vengativa,
a otros aciertos largó
su desprecio o cortesía.

Vive, pues, Garzón heroico
y a estos ensayos se sigan
victorias de mayor Marte,
que tus ardores te inspiran:

tantas que a tu mano deba
España nuevas provincias
que a la más hermosa planta
que huella la tierra rindas.

De tus mudanzas aprende
de la fortuna la rueda,
ciego Amor, que en ser instable

solamente perseveras.

¡Quién no esperara, segura,
eterna correspondencia
de un amor que confirmó
el tiempo con tantas prendas!

La mudanza de los hombres
todo respecto atropella
y el nudo que ata las almas
al primer golpe le quiebra.

No es posible, que obligados
de Amor su inconstancia templan,
que ninguno quiere bien
cuando aborrecer desea.

Solícitas ocasiones
con fingidas apariencias
no es amor, sino pagar
contra su gusto una deuda.

¡Qué mal tus ingratitudes
disculpas con tu nobleza!
Que los nobles solo en ser
agradecidos lo muestran.

De noble traje disfrazas
tu olvido y quieres que sean
en la muerte que me das
cómplices mis conveniencias.

Llamas lisonja al agravio
y sacrificio a la ofensa
y acaso nuevo deseo
te saca de mi carena.

Bien mereciste que yo
tus consejos obedezca,
si me quieres, por pagarte:
por vengarme, si me dejas.

Mas como sé que en amor
cualquier venganza es ofensa,
despido las ocasiones
en que pudiera tenerla.

En mis desdichas estimo
que tan poca razón tengas,
que opuesta a tu ingratitud
lucirán más mis finezas.

Y enseñará mi ofendido
amor, en cana experiencia,
que un hombre no lo parece
y hay mujer que no lo sea.

Con lágrimas y suspiros
mezcló Lisis estas quejas.
Y serenando sus ojos
pobló el aire desta letra:

Mi firmeza, ingrato, tu olvido afrenta
y tu olvido es el lauro de mi firmeza.

Si queréis vivir, pastores,
Dios os libre de Luzinda,
que es un sabroso veneno
que se bebe por la vista.

Nuevas muertes ha inventado,
pues no mata a quien la mira,
y quiere, por dar más pena,
que quien la mirare viva.

Es un acíbar dorado,
de suerte que con su risa
no tienen que ver los riesgos
de las más sangrientes iras.

Tanto se precia de ingrata,
tanto blasona de esquiva,
como si piedra naciera
de aquestos peñascos hija.

Ayer le dije mis ansias
junto a aquella fuente fría,
encendiendo sus cristales
y haciendo brasas sus guijas.

Respondióme que era fuerza
el no ser agradecida.
Cobarde fue el desengaño,
pues no me quitó la vida.

¿Quién vio tal rigor, zagales?

¿Quién padeció tal desdicha,
que siendo fuerza que muera,
la muerte no me permitan?

¡Como si en blando decoro
no tuviese amor caricias
que dejasen del honor
las sagradas aras limpias!

Ingrata ha de ser por fuerza
la que por fuerza me obliga
a que a su yugo soberbio
mi cerviz humilde rinda.

Aquí yacen los deseos,
aquí murió la porfía,
con estos hielos perecen
mis esperanzas marchitas.

¡Ay, qué dolor, pastores, ay que muero
cuando es airado el Sol e ingrato el cielo!

Sonetos

I[6]

Sale el Sol por el cielo luminoso
las nubes pardas de oro perfilando,
y con su luz los montes matizando
ilustra el campo su zafir hermoso.

Veloz pasa su curso muy furioso
y cuando la quietud solicitando
halla otro mundo que voceando
al Sol le pide su esplendor hermoso,

a la campaña salgo defendido
de fuertes rayos de mi estoque ardiente
a quien se rinde el bárbaro vencido.

Y cuando del descanso solamente
busco un instante, torpe mi sentido
me acomete el amor eternamente.

---

6   La joya de las montañas, I, 7. (N del E.)

II[7]

Del castizo caballo descuidado
el hambre y apetito satisface
la verde hierba que en el campo nace,
el freno duro del arzón colgado;

mas luego que el jaez de oro esmaltado
le pone el dueño, cuando fiestas hace,
argenta espuma, céspedes deshace,
con el pretal sonoro alborozado.

Del mismo modo entre la encina y roble,
criado con el rústico lenguaje,
y vistiendo sayal tosco he vivido;

mas despertó mi pensamiento noble,
como al caballo, el cortesano traje:
que aumenta la soberbia el buen vestido.

---

7   El vergonzoso en palacio, I, 11. (N. del E.)

III[8]

El tardo buey atado a la coyunda
la noche espera y la cerviz levanta,
y el que tiene el cuchillo a la garganta
en alguna esperanza el vivir funda.

Espera la bonanza, aunque se hunda,
la nave a quien el mar bate y quebranta.
Solo el infierno causa pena tanta
porque de él la esperanza no redunda.

Es común este bien a los mortales,
pues quien más ha alcanzado, más espera,
y a veces el que espera, el fin alcanza.

Mas a mí la esperanza de mis males
de tal modo me aflige y desespera,
que no puedo esperar ni aun esperanza.

---

8   Marta la piadosa, I, 1. (N. del E.)

IV[9]

Un año, cielos, ha que amor me obliga
a la dicha mayor que darme pudo;
que, en fin, de puro dar, anda desnudo,
y por tener que dar, pide y mendiga.

A Sirena me dio, porque le siga,
en amoroso e indisoluble nudo;
mas con tal condición, que siendo mudo,
goce callando: ¡viose tal fatiga!

Callar y poseer sin competencia,
aunque el bien es mayor comunicado,
posible cosa es, pero terrible;

mas que tanto aquilaten la paciencia
que obliguen, si el honor anda acosado,
a que calle un celoso, es imposible.

---

9   El pretendiente al revés, I, 9. (N. del E.)

V[10]

Yo os prometí mi libertad querida,
no cautivaros más, ni daros pena;
pero promesa en potestad ajena,
¿cómo puede obligar a ser cumplida?

Quien promete no amar toda la vida,
y en la ocasión la voluntad enfrena,
seque el agua del mar, sume su arena,
los vientos pare, lo infinito mida.

Hasta ahora con noble resistencia
las plumas corto a leves pensamientos,
por más que la ocasión su vuelo ampare.

Pupila soy de amor; sin su licencia
no pueden obligarme juramentos.
Perdonad, voluntad, si los quebrare.

---

10 El castigo del penséque, II, 1. (N. del E.)

VI[11]

Amor, hoy como astuto me aconsejas
que a pesar de tus celos y favores,
cogiendo de tus gustos verdes flores,
labre la miel que en mi esperanza dejas.

Yo sé que los amantes son abejas,
que en el jardín que aumentan sus amores
labran panales dulces, sin temores
no mezclan el acíbar de sus quejas.

Abeja, soy, amor; dame palabra
de darme miel sabrosa de consuelos,
que la esperanza entre sus flores labra.

No sequen mi ventura tus desvelos;
que si es abeja amor, y el panal labra,
los zánganos la comen, que son celos.

---

11 La villana de la Sagra, III, 1. (N. del E.)

VII[12]

No en balde, niño amor, te pintan ciego.
Pues tus efectos son de ciego vano:
un guante diste a un bárbaro villano,
y a mí me dejas abrasado en fuego.

A tener ojos, conocieras luego
que soy digno de un bien tan soberano,
dejándome besar aquella mano,
que un labrador ganó, ¡costoso juego!

La falta de tu vista me lastima.
Amor, pues eres ciego, ponte antojos;
verás mi mal, mi desdichado clima.

Diérasme tú aquel guante por despojos,
que el labrador le tiene en poca estima;
guardaréle en las niñas de mis ojos.

---

12 La villana de la Sagra, III, 6. (N. del E.)

VIII[13]

Movido de mis ruegos, Febo el paso
alargó de su carro rubicundo.
Espantado de velle todo el mundo
tan presto madrugando de su ocaso.

Vino la noche, y con el negro raso
de sus ropas, causó sueño profundo,
muerte que da a la vida ser segundo,
sino es a mí, que velo y que me abraso.

Amor me manda que velando aguarde
a quien sin haber visto, me enamora.
¡Extraña fuerza! ¡Grave desatino!

Temor me hiela porque me acobarde;
mas llega tarde ya, que en mi alma mora
por quien pienso seguir este camino.

---

13 La villana de la Sagra, III, 11. (N. del E.)

IX[14]

Quiere hacer un tapiz la industria humana
en donde el arte a la materia exceda,
y con su adorno componer se pueda
la pared de la cuadra más profana.

Matiza en el telar la mano ufana
y mezcla hilos con que hermoso queda;
pero entre el oro ilustre y noble seda
entreteje también la humilde lana.

Lo propio hace el amor, que mezcla y teje
con la lana la seda, aunque más valga,
igualando al villano con el noble.

Noble yerno me da, no es bien que deje,
que con mi lana y con su seda hidalga
saldrá el tapiz de amor curioso al doble.

---

14 La Santa Juana I, I, 11. (N. del E.)

X[15]

Todo es temor, amor, todo es recelos,
pues ¿cómo puede ser el amor gloria,
si está siempre luchando la memoria
con tantos sobresaltos y desvelos?

Estas penas del alma son sus cielos;
estas guerras y asaltos, su victoria,
y es bien todo este mal, cuando a su historia
no encuaderna capítulo de celos.

Amor, en popa voy con mi esperanza,
haciendo espejo tus azules mares;
no trueques en tormenta la bonanza.

No se me niegue puerto en que me ampares,
que si el que el alma ha deseado alcanza,
daré perpetuo asiento a tus altares.

---

15 Los amantes de Teruel, I, 5. (N. del E.)

XI[16]

La cerviz indomable del toro ata
con las coyundas de su yugo grave
el labrador, y brama, porque sabe
que su preciosa libertad maltrata.

Al pájaro, que en plumas se dilata,
el cazador cautiva, del suave
acento enamorado, y llora el ave,
aunque honren su prisión rejas de plata.

No en los jardines la florida hierba
medra del modo que en el monte y prado,
patria y solar de su morada verde.

Dichoso, libertad, el que os conserva,
pues es prisión el solio sublimado
de quien por reinos, vuestro reino pierde.

---

16 El árbol del mejor fruto, I, 10. (N. del E.)

XII[17]

Dulce Señor, enamorado mío,
¿adónde vais con esa cruz pesada?
Volved el rostro a una alma lastimada
de que os pusiese tal su desvarío.

De sangre y llanto entre los dos un río
formemos hoy; y si a la vuestra agrada,
partamos el dolor, y la jornada,
que de morir por Vos, en Vos confío.

¡Ay, divino Señor del alma mía!
No permitáis que otro nuevo esposo
me reconozca suya en este día;

bajad de vuestros cielos amoroso,
y si merece quien con Vos porfía,
dadme estos brazos, soberano Esposo.

---

17 La joya de las montañas, II, 7. (N. del E.)

XIII[18]

Virgen, paloma cándida que al suelo
trajo la verde paz, arco divino,
pues en los tres colores a dar vino
fe del concierto entre la tierra y cielo,

dadme remedio, pues sabéis mi celo;
no case con Fortunio, que imagino
que más dichosa soy, si más me inclino
a conservarme pura en blanco velo.

No me dejéis, cristífera María;
favoreced mi intento puro y santo
hasta que llegue de mi muerte el día.

Mi pureza guardad, pues podéis tanto,
si mereciere la esperanza mía
que del Sol que pisáis pase mi llanto.

---

18 La joya de las montañas, II, 7. (N. del E.)

XIV[19]

Estaba melancólico yo, cielos,
por ver que un imposible apetecía,
¿qué haréis agora, pues, desdicha mía,
si sobre un imposible os cargan celos?

Corales dan al corazón consuelos,
y en mí corales son melancolía:
vuélvase a un desdichado en noche el día;
lo que a otros da quietud, a mí desvelos.

Sabio dicen que soy, mas si lo fuera,
tuviera en mis pasiones sufrimiento;
pero, ¿quién le tendrá con tanto agravio?

Siempre el entendimiento fue su esfera,
y contra injurias del entendimiento
jamás supo tener prudencia el sabio.

---

19 El Melancólico, III, 1. (N. del E.)

XV[20]

Si Cleantes de noche agua sacaba
para vender, por estudiar de día,
y en la atahona donde el pan molía
nombre a sus letras y virtudes daba;

si Plauto, por ser sabio mendigaba,
y a un pastelero mísero servía;
si Euménides en huesos escribía
a falta de papel, que no alcanzaba;

si ha habido quien en el imperio altivo
por el cetro trocando el aguijada
a célebres historias dio motivo;

si a Pedro pescador Roma agradaba,
no será mucho, aunque pobre vivo,
por letras venga a ser... o Papa o nada.

---

20   La elección por la virtud, I, 6. (N. del E.)

XVI[21]

Acuérdome una vez haber oído
una fábula en que ejemplos toco,
notables de un ciprés, que en tiempo poco
hasta el cielo creció desvanecido.

Burlábase de un junco, que vencido,
su segura humildad juzgaba en poco;
mas con un viento recio al ciprés loco,
quedando el junco en pie, se vio abatido.

Su humilde estado y pobres ejercicios
estime mi Sabina, aunque haya hecho
burla el ciprés de su honra y hermosura;

que cuando en los soberbios edificios
abrase el rayo el más dorado techo,
la más humilde choza está segura.

(La elección por la virtud, III, 2.)

---

21 La elección por la virtud, III, 2. (N. del E.)

XVII[22]

Pintadas aves que al pulir la aurora
con peines de oro sus compuestas hebras,
al son de arroyos, arpas de estas quiebras,
lisonjeáis cada mañana a Flora.

Aura suave que con voz sonora,
murmurando las aves, te requiebras,
y las obsequias fúnebres celebras
de Pocris muerta, que tras celos llora.

Los pastores imitan la armonía
con que resucitando la memoria
de mi Sabina vivo entretenido.

Cantad, amigos, la firmeza mía;
que es la música imagen de la gloria,
y mientras dura, mi tormento olvido.

---

22 La elección por la virtud, III, 7. (N. del E.)

XVIII[23]

Sansón, ¿qué vale cuando al campo sale
con las puertas a cuestas que de Gaza
arranca fiero, si una mujer traza
que en la tahona, ciego, a un bruto iguale?

¿Qué vale Alcides con amor; qué vale
cuando leones vence y despedaza,
si vuelta rueca su invencible maza
a hilar le obligan el amor y Onfale?

Sardanapalo no tuvo vergüenza
cuando sentado cual mujer le vieron
desceñirse la rueca por regalo.

¿Qué mucho, pues, que una mujer me venza,
no siendo yo más fuerte que lo fueron
Sansón, Alcides y Sardanápalo?

---

23 La república al revés, I, 8. (N. del E.)

XIX[24]

¿Contó jamás la mentirosa fama
igual suceso y caso de esta suerte
en cuantas partes de sus plumas vierte
las nubes portentosas que derrama?

¿Contó jamás de un hombre que en la llama
se abrasa de amor, dios cobarde y fuerte,
que pretenda gozar y dar la muerte
a un mismo tiempo a quien adora y ama?

Rigor es inaudito y sin segundo;
mas, por vivir, a hacerle me provoco,
pues en su ejecución mi vida fundo.

Cuente la fama, pues, mi intento loco,
que yo sé que dirá después el mundo
que en un reino al revés todo esto es poco.

---

24 La república al revés, II, 22. (N. del E.)

XX[25]

Tres años ha, mi Dios, que las impías
persecuciones ocasionan llantos,
y en sus profetas y ministros santos
la crueldad ejecuta tiranías.

Tres años ha que de mi pecho fías
(a pesar de amenazas y de espantos)
tus fieles siervos, puesto que ha otros tantos
que el cielo cierra la oración de Elías.

En dos cuevas amparo y doy sustento
a cien profetas tuyos escondidos
del poder de la envidia y los engaños.

¡Ampara Tú, Señor, mi justo intento;
clemente abre a mis ruegos tus oídos;
baste, mi Dios, castigo de tres años!

---

25 La mujer que manda en casa, II, 2. (N. del E.)

XXI[26]

¡Oh, palacio cruel, casa encantada,
laberinto de engaños y de antojos,
adonde todo es lengua, todo es ojos;
cualquier cosa es mucho, y todo es nada!

Galera donde rema gente honrada
y anda la envidia en vela haciendo enojos;
hospital de incurables, que a hombres cojos
dan siempre una esperanza por posada.

Calma del tiempo, sueño de los días;
pues son viento las pagas de tus gajes;
vano manjar de camaleones buches.

Sean tus escuderos chirimías;
órganos tus lacayos y tus pajes;
tus dueñas y doncellas sacabuches.

---

26 La ninfa del cielo, II, 4. (N. del E.)

XXII[27]

No fueras tú mujer, y no eligieras
interesables gustos. Si tú amaras,
mis dotes naturales abrazaras,
sus miserables bienes pospusieras.

Adora a un monstruo de oro; lisonjeras
mentiras apetece, estima avaras
felicidades torpes, pues reparas
en lo que esconden montes, pisan fieras.

Riquezas, de tu amor apetecidas,
herede yo, si así te satisfaces,
que premiaran tu amor; pero más justo

es que, imitando en la elección a Midas,
tengas, cuando en tu esposo el oro abraces,
con sed al interés, con hambre al gusto.

---

27 Tanto es lo de más como lo de menos, I, 3. (N. del E.)

XXIII[28]

¡Ah pelota del mundo, que no encierra
sino aire vil que se deshace luego!
¡De favor me das cartas, cuando llego
ofendida de un rey que me destierra!

Quien fe a las palabras da, ¡qué de ello
yerra!
Prueba tu amor el mar cuando me anego,
tu cobardía saca a plaza el fuego,
y hasta el favor me niegas de la tierra.

Tres elementos, bárbaro, han mostrado
que eres cobarde, ingrato y avariento;
en el cuarto tu amor solo has cifrado.

¡Qué a mi costa, villano, experimento
que en palabras y plumas me has pagado!
Mas quien de ellas fió, que cobre en viento.

---

28 Palabras y plumas, II, 4. (N. del E.)

XXIV[29]

Reino famoso, adiós, que alegre hago
ausencia de tu célebre montaña,
pues que siendo mi patria, como extraña
diste a mi juventud siempre mal pago.

Adiós ciudad, sepulcro de Santiago,
que das pastor y das nobleza a España;
adiós, fin de la tierra, que el mar baña,
reino famoso, del inglés estrago.

Adiós, hermana, que en tus brazos dejo
tu nobleza, tu fama, tu hermosura;
porque eres de mujeres claro espejo.

Adiós juegos, amores, travesura;
que aunque mozo, desde hoy he de ser viejo,
si me ayudan el tiempo y la ventura.

---

29 La villana de la Sagra, I, 6. (N. del E.)

XXV[30]

Adiós, ciudad gallega, noble y sabia,
asombro del alarbe y estorlinga,
estación del flamenco y del mandinga,
del escita y del que vive en el Arabia.

Adiós, fregona, cuyo amor me agravia,
gallega molletuda; adiós, Dominga,
que aunque lo graso de tu amor me pringa,
siento más el dejar a Ribadavia.

Adiós, fondón, traspuesto en tantos cabos,
y conocido de los mismos niños,
que aquí te dejo el alma con mil clavos.

Adiós, catujas, de mi amor brinquiños,
adiós, redondos y tajados nabos,
adiós, pescados, berzas, bacoriños.

---

30 La villana de la Sagra, I, 6. (N. del E.)

Libros a la carta

A la carta es un servicio especializado para
empresas,
librerías,
bibliotecas,
editoriales
y centros de enseñanza;
y permite confeccionar libros que, por su formato y concepción, sirven a los propósitos más específicos de estas instituciones.

Las empresas nos encargan ediciones personalizadas para marketing editorial o para regalos institucionales. Y los interesados solicitan, a título personal, ediciones antiguas, o no disponibles en el mercado; y las acompañan con notas y comentarios críticos.

Las ediciones tienen como apoyo un libro de estilo con todo tipo de referencias sobre los criterios de tratamiento tipográfico aplicados a nuestros libros que puede ser consultado en Linkgua-ediciones.com.

Linkgua edita por encargo diferentes versiones de una misma obra con distintos tratamientos ortotipográficos (actualizaciones de carácter divulgativo de un clásico, o versiones estrictamente fieles a la edición original de referencia).

Este servicio de ediciones a la carta le permitirá, si usted se dedica a la enseñanza, tener una forma de hacer pública su interpretación de un texto y, sobre una versión digitalizada «base», usted podrá introducir interpretaciones del texto fuente. Es un tópico que los profesores denuncien en clase los desmanes de una edición, o vayan comentando errores de interpretación de un texto y esta es una solución útil a esa necesidad del mundo académico.

Asimismo publicamos de manera sistemática, en un mismo catálogo, tesis doctorales y actas de congresos académicos, que son distribuidas a través de nuestra Web.

El servicio de «libros a la carta» funciona de dos formas.

1. Tenemos un fondo de libros digitalizados que usted puede personalizar en tiradas de al menos cinco ejemplares. Estas personalizaciones pueden ser de todo tipo: añadir notas de clase para uso de un grupo de estudiantes, introducir logos corporativos para uso con fines de marketing empresarial, etc. etc.

2. Buscamos libros descatalogados de otras editoriales y los reeditamos en tiradas cortas a petición de un cliente.

www.ingramcontent.com/pod-product-compliance
Lightning Source LLC
Chambersburg PA
CBHW032047040426
42449CB00007B/1013